Boucle d'Or   *La maman*   *Grand Ours*   *Moyen Ours*   *Petit Ours*

Boucle d'Or
et les trois ours

Adapté par Anne Royer • Illustré par Mayalen Goust

Éditions Lito

Il était une fois…

… une petite fille qui vivait à la lisière d'une profonde forêt. Ses cheveux étaient si blonds et si bouclés qu'on l'avait surnommée « Boucle d'Or ». Sa maman lui avait toujours interdit d'aller se promener seule dans les bois, mais il arriva un jour où Boucle d'Or ne put résister à la tentation.

– Il fait si beau aujourd'hui, se dit-elle. Je resterai seulement au bord des bois…

Oui, mais voilà ! Pas à pas, à force de courir après les papillons, la petite fille se retrouva perdue au fond des bois. Le petit cœur de Boucle d'Or se serra dans sa poitrine : elle ne reconnaissait rien et sentait bien qu'elle s'éloignait de chez elle. Comme elle allait se mettre à pleurer, Boucle d'Or aperçut une drôle de petite maison.

Elle ne put résister à la curiosité, et y entra.

Tout était bien propre et bien rangé. Boucle d'Or vit alors trois chaises : une grande chaise, une moyenne chaise et une petite chaise. Et devant, trois tables : une grande table, une moyenne table et une petite table. Et posé sur chaque table, un bol de soupe : un grand bol, un moyen bol et un petit bol.

Boucle d'Or s'approcha de la grande table.
– Cette grande table est trop haute ! s'écria-t-elle.
Elle s'approcha de la moyenne table.
– Cette moyenne table est encore trop haute ! s'exclama-t-elle.
Enfin, elle s'approcha de la petite table.
– Ah ! Cette table n'est ni trop haute ni trop petite ! dit-elle. Elle est juste comme il faut.

Ensuite, Boucle d'Or, qui était bien fatiguée, eut envie de s'asseoir. Elle choisit d'abord la grande chaise.
– Cette grande chaise est beaucoup trop haute pour moi ! s'écria-t-elle.
Elle s'assit sur la moyenne chaise.
– Cette moyenne chaise est bien trop bancale ! s'exclama-t-elle.
Enfin, elle s'assit sur la petite chaise. Mais patatras ! la petite chaise se cassa.

Boucle d'Or voulut goûter la soupe du grand bol.

– Ouille ! Cette soupe est trop chaude ! s'écria-t-elle en se brûlant la langue.

Elle goûta la soupe du moyen bol.

– Beurk ! Cette soupe est trop salée ! s'exclama-t-elle.

Enfin, elle goûta celle du petit bol.

– Cette soupe n'est ni trop chaude ni trop salée. Elle est juste comme il faut ! dit-elle en la finissant jusqu'à la dernière goutte.

Rassasiée, Boucle d'Or décida de continuer à visiter cette étrange maison. Elle aperçut un escalier et grimpa pour voir ce qu'il y avait au premier étage.

Une fois là-haut, elle découvrit une grande chambre où se trouvaient trois lits : un grand lit, un moyen lit et un petit lit.

Elle s'allongea d'abord sur le grand lit.

– Ce grand lit est affreusement dur ! s'écria-t-elle.

Puis elle se coucha sur le moyen lit.

– Ce moyen lit est bien trop mou ! s'exclama-t-elle.

Enfin, elle s'allongea sur le petit lit.

– Ce petit lit n'est ni trop dur ni trop mou. Il est juste comme il faut, murmura-t-elle en fermant doucement les yeux.

Boucle d'Or dormait déjà profondément lorsque les habitants de la maison revinrent de leur promenade dans les bois. C'étaient trois ours.

Il y avait Grand Ours, Moyen Ours et Petit Ours.

Les trois ours, que la promenade avait mis en appétit, décidèrent de passer à table. Grand Ours tira sa chaise pour s'asseoir et gronda de sa grande voix :

– Quelqu'un a touché à ma grande chaise !

Moyen Ours s'exclama de sa moyenne voix :

– Quelqu'un s'est assis sur ma moyenne chaise !

Et, voyant sa chaise en morceaux, Petit Ours pleurnicha de sa petite voix :

– Quelqu'un s'est assis sur ma petite chaise et l'a cassée !

Grand Ours regarda son bol et gronda de sa grande voix :

– Quelqu'un a touché ma soupe !

Moyen Ours s'exclama de sa moyenne voix :

– Quelqu'un a goûté ma soupe !

Et Petit Ours dit de sa petite voix :

– Quelqu'un a goûté ma soupe et l'a bue jusqu'à la dernière goutte !

Alors Grand Ours, Moyen Ours et Petit Ours coururent vers les escaliers, qu'ils grimpèrent quatre à quatre.

Arrivé dans la chambre, Grand Ours s'approcha de son lit et gronda de sa grande voix :

– Quelqu'un s'est allongé sur mon grand lit !

Moyen Ours s'exclama de sa moyenne voix :

– Quelqu'un s'est couché dans mon moyen lit !

Et Petit Ours s'écria de sa petite voix :

– Quelqu'un s'est couché dans mon petit lit et y dort encore !

À ces cris, Boucle d'Or se réveilla. Effrayée de voir ces trois ours qui la regardaient, elle sortit à toutes jambes de la chambre, dévala les escaliers et quitta la maison sans demander son reste.

Les trois ours, qui ne lui voulaient pas de mal, ne la poursuivirent pas. Et, avant que Boucle d'Or ne disparaisse dans la forêt profonde, Petit Ours eut juste le temps de lui crier :
– Pour sortir du bois, prends le petit chemin là-bas, à côté du grand chêne !

Ce fut grâce à ce petit ours, dont elle avait pourtant bu toute la soupe et cassé la petite chaise, que Boucle d'Or put retrouver sa maison et sa maman.